湖北省博物館
HUBEI PROVINCIAL MUSEUM

湖北省博物馆少儿绘本丛书

博物馆里的节日

小年

主编　钱　红

WUHAN UNIVERSITY PRESS
武汉大学出版社

前　　言

越来越多的小朋友走进博物馆，爱上博物馆，爱上博物馆里的文物故事。为此，我们精心打造了《博物馆里的节日》，将14个传统节日、7个公历节日，分别与湖北省博物馆里的21件文物瑰宝链接起来。我们精心设计了湖北省博物馆的文物守护精灵“北北”，还有她的好朋友“湖湖”，让他们带着大家一起穿越时光，了解每个节日的由来；体验每个传统节日的习俗，这些习俗都是中华民族在漫长的历史长河中不断凝聚的宝贵财富，值得我们传承；配上了与文物相关的成语故事、神话故事或历史故事；设置了有趣的“互动问答”，让小朋友在轻松愉快的氛围中学习科普知识。小朋友还可以邀请家长扫描书中的二维码，拓展更广阔的“悦读”空间，了解更多的传统文化，让先民留给我们的精神财富得以传承和弘扬。

钱红

2022年11月

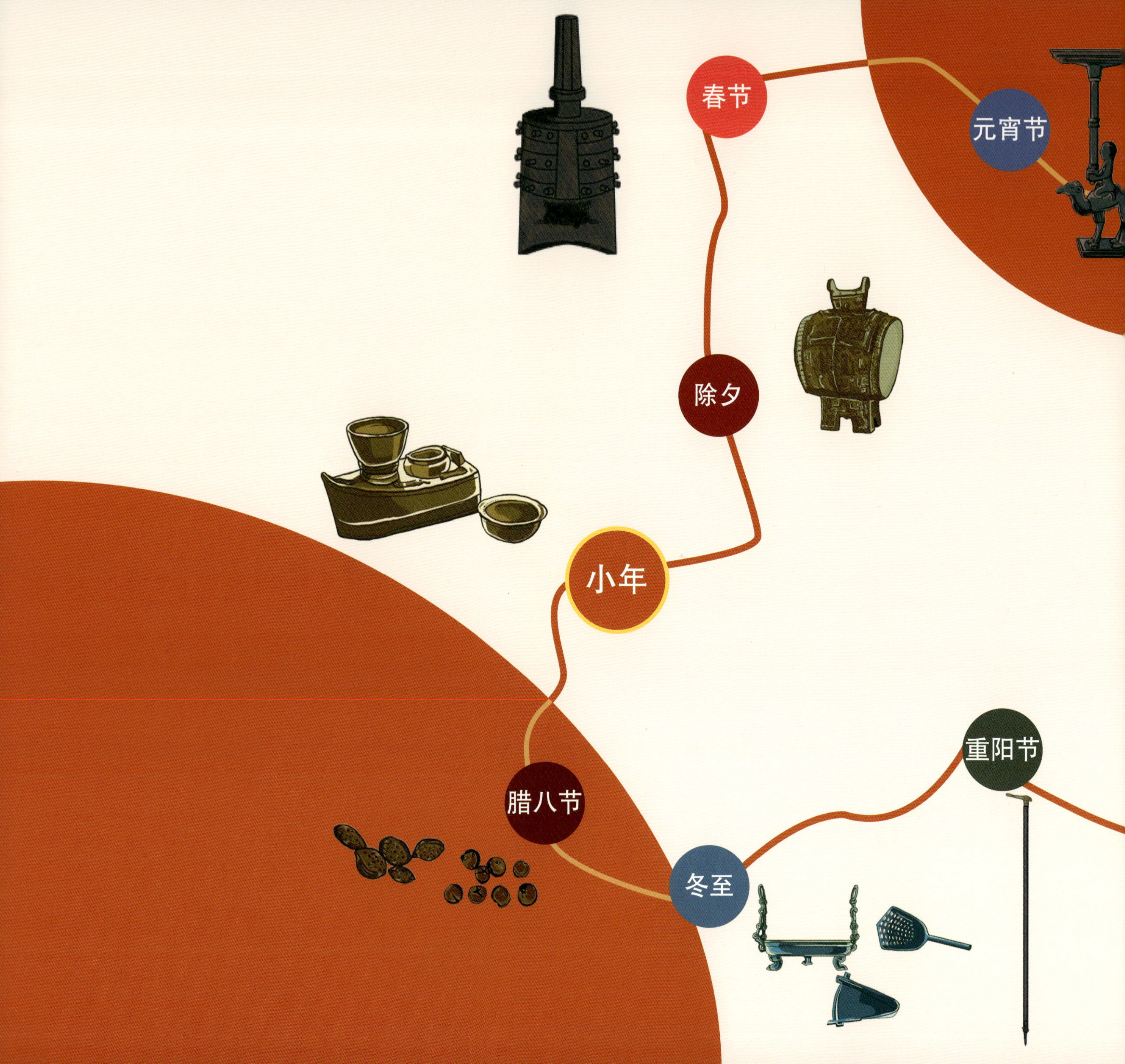

春节
元宵节
除夕
小年
腊八节
冬至
重阳节

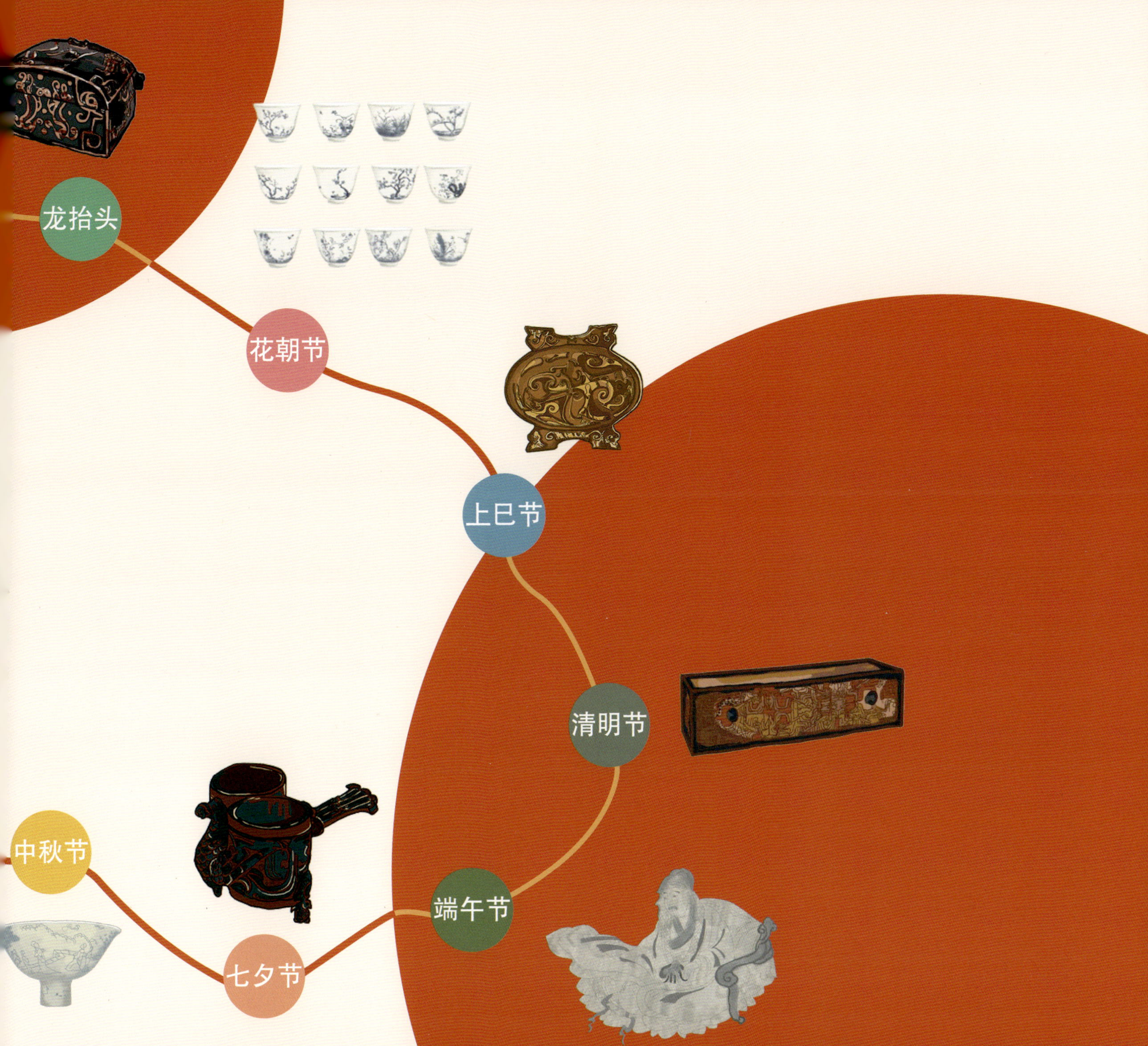
龙抬头
花朝节
上巳节
清明节
端午节
七夕节
中秋节

你好！我叫北北，是湖北省博物馆的文物守护精灵。我可以穿梭时光，带你体验不一样的博物馆节日氛围。旁边是我的好朋友——湖湖。

我们都喜欢湖北省博物馆里的文物，也喜欢听文物背后的故事！这些故事和我们传统节日也有关哦！

灶王入宫降吉福

——小年

小年二首·其一
（明）林光
甲子春侵腊，燕京又小年。
儿童欢礼灶，箫鼓闹喧天。
数九晴看柳，书空仰羡鸢。
此身吾自有，富贵乃浮烟。

节日由来
农历十二月二十三或者二十四，是我国民间的祭灶日，又称“小年”。一般北方是腊月二十三，南方是腊月二十四。
小年到！祭灶神。

福
福
福
司命主
再过五六天，大年就来到。

传说玉皇大帝在每家派驻了一位“监督员”——灶王爷，考察这一家全年的所作所为。到了小年这一天，灶王爷上天汇报一家人品行的善恶。玉皇大帝据此决定对这家的奖励与惩罚，第二年灶王爷再回来继续监督，所以灶王爷在老百姓心中具有极大的影响力。

节日习俗

辞灶

小年夜祭灶是一项流传极广的习俗。人们准备一些糖、瓜果等物品祭拜灶王爷，请他上天多说好话。

“小年到，祭灶神，小孩拍手哈哈笑。再过五六天，大年就来到。”

扫尘

每家每户彻底清扫，驱除病疫、祈求安康，也有除陈（尘）布新的含义。

另外大家还会剪窗花、贴春联，不仅美观，还寓意新一年有个好兆头。

剪窗花

贴春联

文物链接

青瓷灶

出土于鄂州市何家湾，整体呈船形，有两个灶眼，前面放置蒸食器甑，后面放置炊具釜，灶面上还有其他的用具。古人“事死如事生”，秦汉之后的墓葬中经常会有灶具的模型，这些模型为研究当时人们的生活状况提供了参考资料。

文物知识拓展

成语故事
添兵减灶：战国时期，军事家孙膑秘密增加兵力，表面上却减少行军用的炊具数量，误导敌人认为我方兵力减少，引诱敌人深入，最后智胜魏军。比喻敢于向陈旧观念挑战，勇于创新。

互动问答

大家是不是对小年有了一些了解呢？现在来和我一起看看后面的题目吧。

1. 以下哪些是小年习俗？（ ）

A. 辞灶　　B. 扫尘　　C. 踏春

2. 青瓷灶起源于什么年代？（ ）

A. 秦汉时期 B. 清代 C. 魏晋南北朝

3. 说说为什么小年要祭灶呢？

4. 和家人一起制订打扫计划，准备迎接美好新年吧！

答案

图书在版编目(CIP)数据

博物馆里的节日.小年/钱红主编 .—武汉:武汉大学出版社,2023.5
湖北省博物馆少儿绘本丛书
ISBN 978-7-307-23746-9

Ⅰ.博… Ⅱ.钱… Ⅲ.节日—风俗习惯—中国—少儿读物 Ⅳ.K892.1-49

中国国家版本馆 CIP 数据核字(2023)第 078620 号

责任编辑:李 玚　　责任校对:李孟潇　　装帧设计:何家辉 陈晓宇

出版发行:**武汉大学出版社** (430072 武昌 珞珈山)
(电子邮箱:whu_publish@163.com)
印刷:武汉市金港彩印有限公司
开本:880×1230 1/16 印张:25 字数:157 千字
版次:2023 年 5 月第 1 版 2023 年 5 月第 1 次印刷
ISBN 978-7-307-23746-9 定价:298.00 元(全 15 册)
